풍요로운 지구를 만드는

생물의 다양성
LA BIODIVERSITÉ

다니엘 카자나브 그림
위베르 리브스·넬리 부티노 글
클레르 샹피옹 채색
문박엘리 옮김

생각비행

Hubert Reeves nous explique 1 – La biodiversité
© ÉDITIONS DU LOMBARD (DARGAUD-LOMBARD S.A.) 2017, by Boutinot, Reeves, Casanave
www.lelombard.com
All rights reserved

Korean translation copyright © 2020 Flight of Ideas Publishing Co.

This Korean translation is published by arrangement with Mediatoon Licensing through Greenbook Literary Agency.

이 책의 한국어판 저작권과 판권은 그린북저작권에이전시영미권을 통한 저작권자와의 독점 계약으로 생각비행에 있습니다.
저작권법에 의해 한국 내에서 보호를 받는 저작물이므로 무단 전재와 무단 복제, 전송, 배포 등을 금합니다.

풍요로운 지구를 만드는
생물의 다양성

초판 1쇄 발행 | 2020년 2월 20일
초판 4쇄 발행 | 2023년 6월 30일

지은이 위베르 리브스·넬리 부티노
그림 다니엘 카자나브
옮긴이 문박엘리
책임편집 손성실
편집 조성우
디자인 권월화
펴낸곳 생각비행
등록일 2010년 3월 29일 | 등록번호 제2010-000092호
주소 서울시 마포구 월드컵북로 132, 402호
전화 02) 3141-0485
팩스 02) 3141-0486
이메일 ideas0419@hanmail.net
블로그 www.ideas0419.com

ⓒ 생각비행, 2020
ISBN 979-11-89576-53-0 67300

책값은 뒤표지에 적혀 있습니다.
잘못된 책은 구입하신 서점에서 바꾸어드립니다.

이게 바로 그 결과지.
여기저기, 수중과 지상
도처에 있는 식물, 동물,
모든 다양한 생명체들…

* 미요 대교(Le Viaduc de Millau)는 프랑스 남부 아베롱주 미요를 지나는 고속도로에 만들어진 다리로 타른 강의 계곡을 따라 놓여 있다. 차량용 다리로는 세계에서 가장 높고 그 가운데 가장 높은 교각은 고정 케이블까지 합치면 343미터에 이른다. 2004년 12월 14일 개통하여 16일에 차량통행을 시작하였다.

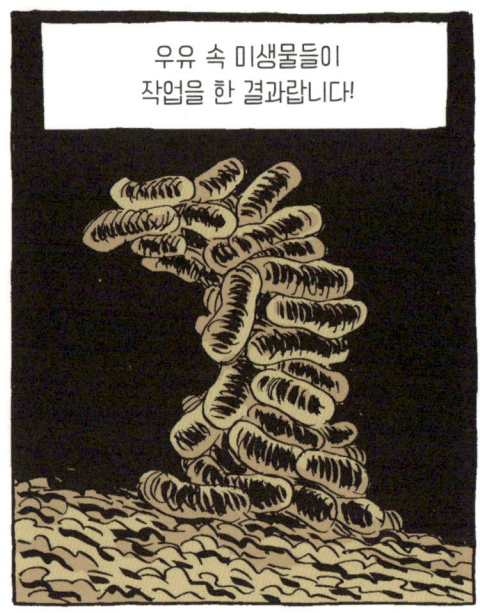

샘물은 원래 사람들이 마시기에 적합한 물이야.

광천수(미네랄 워터)는 질병을 치유하는 효능이 있는 광물질과 무기질 성분을 함유한 샘물이고,

탄산수는 탄산가스가 들어 있는 물이지.

수돗물은 원래 마실 수 있는 물이거나 아니면 지역의 상수도망으로 공급되기 전에 음용수 처리를 위해 공장을 거친 물이란다.

가끔 수돗물에서 자벨수* 냄새가 나는데, 몇몇 유기화합물을 중화하기 위해 염소를 사용하기 때문이지.

비가 내릴 때 땅 위로 흘러내린 빗물은 물길을 만나게 되고 땅 밑으로 스며들게 되지. 물이 통과하는 여러 환경의 건강 상태가 바로 그 물의 음용 가능성을 결정한단다.

* 프랑스의 자벨 지방에서 만든 섬유 공업용 표백제.

* 원문의 'une petite laine'는 직역하면 '작은 양모', 양털 쪼가리라는 말이다. 여기서는 털실로 짠 옷을 가리킨다.

** 우화 속 늑대는 부당한 핑계를 대며 어린 양을 잡아먹는 폭군으로 나온다.
*** 알퐁스 도데(Alphonse Daudet, 1840년 5월 13일~1897년 12월 16일)의 작품. 이야기 속 염소도 늑대에게 잡아먹힌다.

* 옐로스톤 국립공원(Yellowstone National Park)은 미국 와이오밍주 북서부, 몬태나주 남부와 아이다호주 동부에 걸쳐 있는 미국 최대, 세계 최초의 국립공원(1872년 지정)이다. 1만여 개의 온천과 수많은 야생화, 야생동물로 유명한 곳이다.

* 갈조류 모자반과의 해조(海藻)로 바위에 붙어 1~3미터 이상 자란다. 한국, 일본, 태평양 등지에 분포한다.

또 하나의 해초가 있지. 수족관을 장식하는 데 널리 애용되는 콜레르파 탁시폴리아*도 지중해에 우연히 들어왔지.

그리고 엄청 번식하고 있어.

방금 우리는 소중한 지렁이를 칭찬했잖아. 그런데 화분에 심은 식물들을 운송하다가 의도치 않게 들여온 벌레들이

지렁이를 죽인단다.

* 인도양에 서식하는 옥덩굴속의 해초류. 모나코의 한 아쿠아리움에서 전시 도중 관리자의 실수로 지중해에 풀어지면서 생태계 파괴종이 되었다.

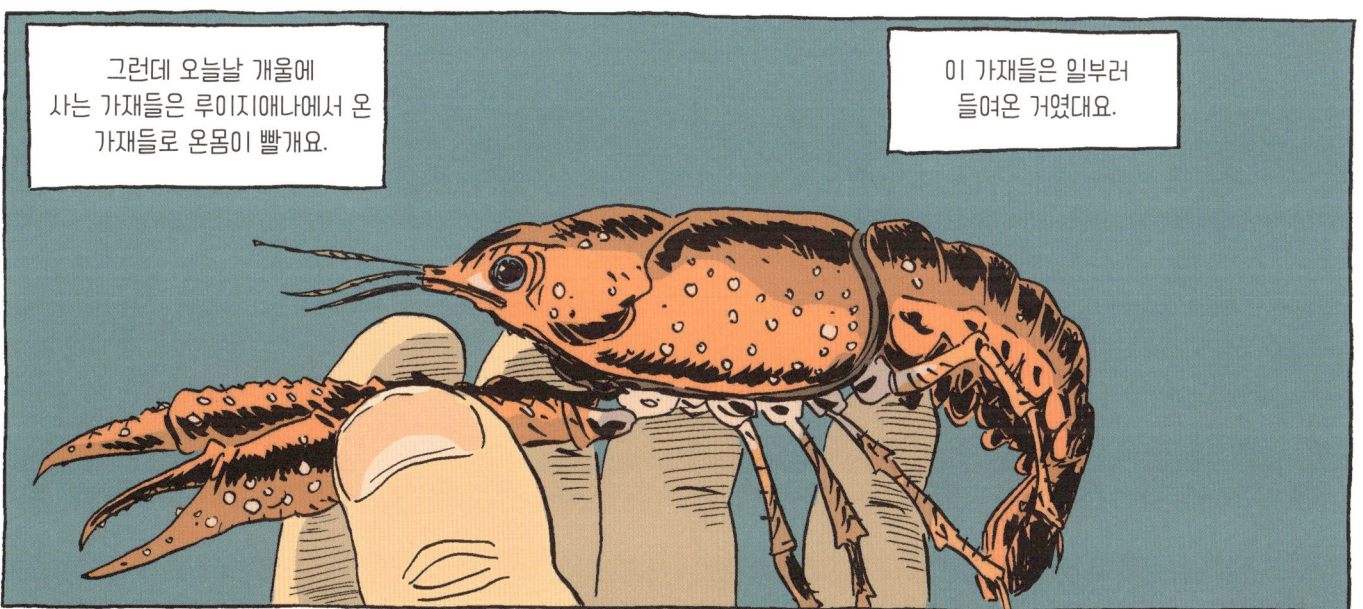

* 앙투안-오귀스탱 파르망티에(Antoine-Augustin Parmentier, 1737년 8월 12일~1813년 12월 13일). 프랑스와 유럽 전역에서 감자를 식재료로 전파하는 데 기여한 프랑스 농경학자.
** www.humanite-biodiversite.fr

모든 것이 기후 온난화와 함께 더 복잡해질 거야.
동식물 종들의 이동이 이미 시작되었어.
자신들이 있던 구역의 생활 조건이 악화되자
생존이 보장되는 다른 장소에 자리를 잡으려는 거지.

만물은 연결되어 있어.

이동하는 동안,
위베르 박사님이 종들의 관계에 대해
좀 더 말씀해주시겠어요?

일례로 미국 알래스카 남서쪽에 있는
알류샨 열도* 이야기를 해보죠.

복잡한 이야기니까,
잘 따라와요.

* 알래스카 반도 끝에서 러시아 캄차카 반도까지 70여 개의 섬으로 1800~1900킬로미터 정도 이어진 화산 열도이다. 알류샨 열도에서 알래스카 해상 국립야생동물보호지역에 포함되는 부분의 면적은 1만 1007제곱킬로미터에 달한다.

그런데 그게 다가 아닙니다! 수달의 개체수 감소로 급증한 성게들로 인해 다시마숲은 큰 피해를 보았어요. 해저를 뒤덮고 있는 해초들은 벌레, 갑각류, 연체동물, 물고기 등 많은 종들에게 피난처 구실을 하지요.

처음에 선생님은 수달의 개체수 급감에 대해 말씀하셨는데 사실은 그게 수중 생태계의 전반적인 붕괴를 말씀하신 거군요.

수달 개체수의 감소.

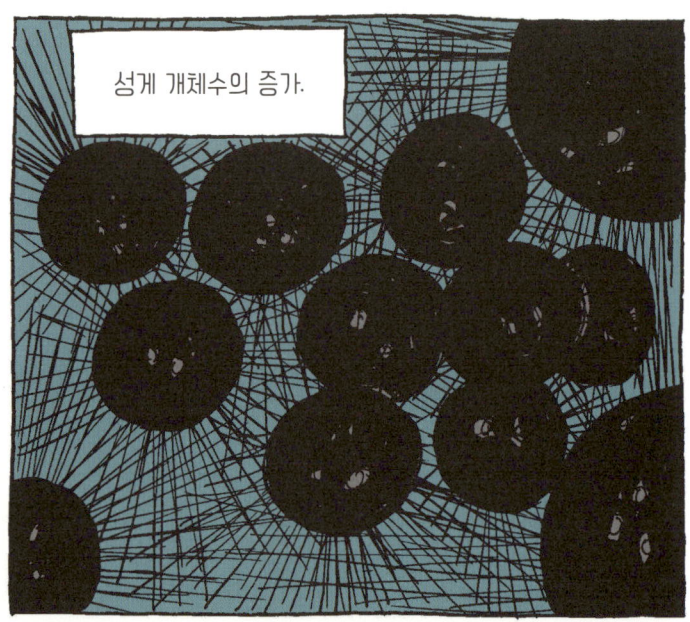

성게 개체수의 증가.

해초류의 감소.
이 모든 것이 총체적인
생물 다양성의 감소로 이어졌어요.

명심해야 해요!

* 측백나뭇과에 속하는 상록 침엽 교목으로 양지바른 척박한 땅에서 잘 자라 우리나라 어디에서나 쉽게 만날 수 있다.

하지만 전혀 그렇지 않을 수도 있어. 왜냐하면 아마존 우림에는 많은 부족들이 살고 있는데

그중 어떤 부족들은 아직도 우리와 접촉하지 않은 상태로 살아가지. 그건 그 부족들이 선택한 거야.

아메리카 원주민들은 수만 년 전부터 늘 숲에 변화를 가져왔지. 숲속의 빈터를 만들어내고, 식물을 이식하고, 씨를 뿌리는 등으로 말이야. 그러니까 우리가 야생의 숲이라고 생각하는 이곳 또한 사실은 오랜 세월 인간이 점유한 결과란다.

* 옛날 프랑스 시골에서는 집 입구 남향에 해시계를 설치하고 그것으로 정오를 가늠했는데, 그러다 보니 옆집과 뒷집 문앞의 정오가 다르기 마련이었다는 데서 유래한 속담이다.
** 수목은 크기에 따라 교목, 아교목, 관목으로 분류된다. 하목층은 교목층 아래의 아교목 군집으로 이루어진 층을 말한다.

| 지은이 |

위베르 리브스   프랑스의 천체물리학자입니다. 미국항공우주국(NASA)에서 고문으로 활동하였으며, 프랑스물리학회상과 아인슈타인상을 수상하였습니다. 2016년에는 환경부장관에 의해 프랑스생명다양성기구의 명예회장으로 임명되었습니다. 같은 해, 《손주들에게 들려주는 우주 이야기》를 펴내어 출판계에서 성공을 거둔 뒤, 삽화가인 다니엘 카자나브와 협업으로 롱바르 출판사의 【지식의 작은 만화가게】 콜렉션 중 《우주》편을 출판하였습니다. 또한 지구의 미래를 생각하는 마음으로 생물 보호의 중요성을 알리는 그래픽노블 시리즈 《생물의 다양성》, 《바다의 생태계》, 《숲의 생태계》를 출판하였습니다.

| 옮긴이 |

문박엘리   서울에서 자라 학교를 다녔으며 대학 졸업 후 프랑스 파리에서 유학했습니다. 철학과 언어학을 공부했으며 일반회사와 시민사회단체에서 일했습니다. 인간과 자연과 우주 만물의 연계에 대해 관심이 많으며, 옮긴 책으로 《프랑스 아이의 과학 공부》, 《생물의 다양성》, 《바다의 생태계》, 《숲의 생태계》, 《마우트하우젠의 사진사》가 있습니다.

생각비행 그래픽노블

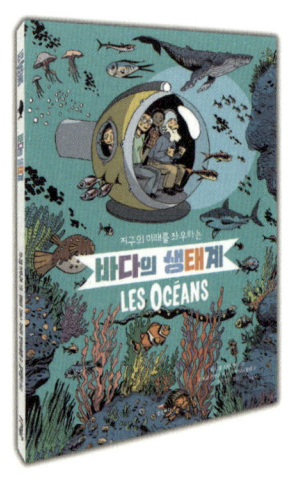

바다의 생태계

위베르 리브스·다비드 반데르묄렝 글 | 다니엘 카자나브 그림
클레르 샹피옹 채색 | 문박엘리 옮김

수중 생태계의 비밀을 풀어보는 놀라운 여행으로 안내한다. 위베르 리브스가 바닷속 탐험을 통해 바람과 해류가 지구의 기후에 어떤 영향을 미치는지, 수중 생물의 다양성이 왜 보호되어야 하는지 쉽게 설명해준다.

숲의 생태계

위베르 리브스·넬리 부티노 글 | 다니엘 카자나브 그림 | 문박엘리 옮김

숲은 우리의 아주 먼 조상들의 집이다. 위베르 리브스가 안내하는 숲 탐험을 통해 인류의 기원을 통찰하고 숲의 놀라운 생명력을 재발견한다. 아울러 숲의 생태계를 이루는 모든 식물과 동물의 다양성을 왜 보호해야 하는지 쉽게 이해한다.

세상에서 가장 먼 학교 가는 길

르노 가레타·마리-클레르 자부아 지음 | 김미정 옮김

히말라야를 넘어 학교가 있는 카트만두까지 초등학생 다섯 명이 걸어가는 9일간의 여정을 담았다. 눈보라를 헤치고 배움의 터전으로 향하는 아이들의 모습에서 우리에게 주어진 교육의 기회가 얼마나 큰 축복인지 깨닫게 된다.